AF485359

María Moreno Quintana

Al grito de la chicharra
To the cry of the cicada

Al grito de la chicharra
© María Moreno Quintana
© Editorial Giraluna Latinoamericana
Primera edición: 2022 - Derechos Reservados

Edición al cuidado de:
Rey D' Linares
reydlinares69@gmail.com

Imagen de portada
Teresa Moreno Quintana

Diseño de portada:
Carolina Linares
artesgraficas20042009@gmail.com

Traducción al inglés:
Gloria Moreno Quintana

Publicado en Venezuela por:
Editorial Giraluna Latinoamericana - J-29614384-6
editorialgiraluna2008@gmail.com
Teléfono: (+58) 0212-524.25.33
www.editorialgiralunala.blogspot.com

Comercializada por:
Amazon.com

mi luna nos baña
y nace el día
lloren clamen
con sus gargantas
porque la noche
se estrella

our moon bathes us
and the day is born
cry call out
with your throats
because the night
is filled with stars

la siembra
lo arremetido
lo que palpita
se eleva
en el aire
y despierta
diáfano

the sowing
the lashed out
that which throbs
rises
in the air
and wakes
diaphanous

seco es este cielo
cobija entrañas dormidas
por el bien
de algún duende oscuro
que pertenece
a su sombra

dry is this sky
shelters asleep entrails
for the sake
of some obscure goblin
that belongs
to his shade

en el borde
de algún cielo
que se desmembra
y se desorbita

on the edge
of some sky
that dismembers
and deorbits

esta tierra dura
lo que el corazón oculto
de las flores
o el agua que se viene
al caer su noche

this soil lasts
what the hidden heart
of the flowers
or the coming water
as its night falls

relampaguean sus fuegos
en el más allá
lunas u horizontes
y la cura
en este mundo
de vidas paralelas

its fires flash in lighting
in the afterlife
moons or horizons
and the cure
in this world
of parallel lives

tras esta lluvia
que comunica con las estrellas
yo galopo
allá donde el sol
nunca llega
hasta ese punto virtual

beyond this rain
that communicates with the stars
I gallop
where the sun
never shines
to that virtual spot

de la tierra arada
queda
alguna lombríz
semilla perdida
o raíz seca
quedan los picos afiebrados
de garzas y gaviotas

of the plowed land
remains
some worm
lost seed
or dry root
the feverish peaks remain
of herons and seagulls

los años puestos
sobre el mandil
venas azuladas
y toda la terquedad
del lucero
tras la nube vieja
que se espesa

the years placed
on the saddle pad
bluish veins
and all the stubborness
of the morning star
beyond the old cloud
that thickens

y así distinguir
los matices
enmarañados
que filtra
su bosque

and thus distinguish
the tangled
shades
that break into
their forest

pálpito dulce
nieve
que se deshiela
desde algún cauce
lloraremos

sweet hunch
snow
that defrosts
from some riverbed
we´ll cry

en el contraste
su redención
en los pliegues
el símbolo sagrado
pura belleza

in the contrast
his redemption
in the folds
the sacred symbol
pure beauty

del movimiento
que culmina
hacia un nuevo sol
los cardos brotan

of the motion
that culminates
towards a new sun
thistles sprout

soñaba con duendes
raíces vivas
o zorzales
el amor era posible

I dreamed of goblins
living roots
or thrushes
love was possible

lejos de aquí
los paisajes son descarnados
no responden
al grito
ni a su estallido

far from here
landscapes are stark
they won´t answer
to the cry
or its burst

rascarse la espalda
es costumbre negra
esta lluvia animal
no se anuncia
se dilata

scratching its back
is a black habit
this animal rain
is not announced
it dilates

cuando llegue el invierno
no habrá tregua
esta jungla de hielo
cobijará al más duro

when winter arrives
there will be no truce
this ice jungle
will shelter the toughest

al galope levanta polvareda
y arrincona los recuerdos
en la manga
mientras las ovejas
filosofan

raises dust at a gallop
and corners the memories
in the stall
while the sheep
philosophize

la vi salir del pozo
engranando ideas
con los ojos turbios
y la frente embarrada

I saw her get out of the well
engaging ideas
with cloudy eyes
and her forehead coated with mud

haber creído
madrugón
tras madrugón
en el poder
de la alegría

having believed
dawn
after dawn
in the power
of joy

asomada
en la superficie
hueca
del mundo

leaning out
on the hollow
surface
of the world

su reclamo
en la ventana
impulsa
a la acción

his claim
at the window
drives
to action

la noche
se detiene
al sentir
sus contornos
filosos

night
stops
at the feeling
of its sharp
contours

en la distancia
el color
un emblema
o potencial sofoco
al despertar
acurrucada
su virtud

at the distance
the colour
an emblem
or potential hot flush
upon awakening
her virtue
huddled

en la sombra subterránea
galería de algún sol
furtivo
en las costas del mar calmo
anegada
por la luz que se anuncia
que se escabulle
y se inclina a besarme
como la hermana omnipresente

in the underground shadow
gallery of some sun
furtive
on the shores of the calm sea
waterlogged
by the light that is announced
that sneaks out
and bends to kiss me
like the omnipresent sister

que nos agarre despiertos
soñando la vida posible
con el corazón en un frasco
al grito de la chicharra

to catch us awake
dreaming the possible life
with the heart in a jar
to the cry of the cicada

de poner se trata
como un corazón
bajo su noche torrencial

it´s all about putting
like a heart
under its torrential night

adoctrinada
desnuda
a la lluvia
al grito del ángel

indoctrinated
nude
to the rain
to the angel´s cry

la soledad es un bien
cuando el corazón sangra
todas las plantas se abren
a la tierra
de las ideas

loneliness is an asset
when the heart bleeds
all the plants open
to the soil
of the ideas

si el tanque se llena
con la espuma luminosa
del alma estelar
que fuera un fuego

if the tank fills up
with the luminous foam
of the stellar soul
that was a fire

desde este aire
poblado de espacios
a la memoria
sus alas enérgicas
de luces y de sombras
al aullido

from this air
populated with spaces
to the memory
its energetic wings
of light and shadow
to the howl

al sonido fugaz
y multiforme
que adoctrina
esta soledad

to the fleeting sound
and multiform
that indoctrinates
this solitude

su estampa en la arcilla
un pantano para socorrer
y hamacarse
en la frontera de su razón
surgió el libro
sobre este colchón de estrellas

his shade in the mud
a swamp to aid
and to swing
at the frontier of his reason
the book came out
on this starry mattress

a los montes quebrados
porque es el tiempo de la sangre
y yo como la loba
me babeo de felicidad

to the uneven hills
because it´s the time of the blood
and me as the she wolf
am drooling with hapiness

con fiereza o candor
la nada misma
o fugacidad del instante
que se anuncia

with ferocity or candor
the nothingness itself
or the brevity of the instant
that is announced

sobre las nubes camina
frugal y desarticulado
su destino
inmaterial

walks over the clouds
frugal and disjointed
his destiny
immaterial

de reojo y cansado
inmerso
en la lágrima que asoma
por causa de algún viento

from the corner of my eye
tired and immersed
in the tear that peeps out
on account of some wind

de tan buenos
ya no saben
y parten juntos
en la estación de las flores
como los locos
en su tiempo

of such good
they no longer know
and leave together
in the season of the flowers
like the madmen
in their time

la infinitud
lo perfecto
lo tangible
lo estimula
lo supera
lo duerme

the infinitude
the perfect
the tangible
stimulates it
excedes it
sleeps it

fuera de eje
descalibrados
sobornan
al cantor en su cielo
que arde
bajo mil estrellas

off the axis
decalibrated
they bribe
the singer in his sky
that burns
under a thousand stars

asoma el terragal
la nube de polvo
en la pista
la boca del campeón
fiebre y espuma embravecida

the terragal peeks out
the cloud of dust
on the track
the champion´s mouth
fever and raging foam

puro y concreto es este aire
la luna tan hermosa
que da lástima dormirse
y yo escucho
la voz de los ángeles
conscientes y entregados
a su noche

pure and concrete is this air
so beautiful the moon
what a shame to fall asleep
and I listen
the voices of the angels
conscious and commited
to their night

en su órbita
feroz y ensimismada
donde confluyen
el fuego y la sombra

in their orbit
ferocious and self-absorbed
where fire and shadow
converge

se abre al destino
ruta nítida
en un batir de alas
como la tarde
en su hora

Destiny opens
clear path
in a flutter of wings
like the afternoon
in its hour

ladra relincha o maúlla
nadie entiende
si es que pide agua
panza arriba
será eso

barks, neighs or meows
nobody understands
if it asks for water
belly up
it must be that

la voz del fantasma
en las piedras
los secretos
algún tesoro oculto
corazón de este mundo
presente

the voice of the ghost
on the stones
the secrets
some hidden treasure
heart of this world
present

sería un juego
ideal de la sinrazón
el sol poniente
la mirada
en su paraíso
o repele
o se luce

it would be an ideal game
of the unreason
the setting sun
the look
in his paradise
repels
or shines

la noche
tan sola
espacios mentales
o juegos
donde simular
este cielo

night
so lonely
mental spaces
or games
where to simulate
this game

pasos lentos de este sol
curioso y marginal
que obedece a su destino

slow steps of this sun
curious and marginal
that obeys its destiny

impulso primal
de una tribu
solitaria
al viento
por su nombre

primal impulse
of a lonely
tribe
the wind
by its name

contrarresta el efecto
armazón
suero congestionado
futilidad de la nube mágica
que nada advierte
al cantar de las ranas

counteracts the effect
frame
congested serum
futility of the magic cloud
that notices nothing
to the singing of frogs

al viento informe
contracorriente
en las alturas sesgadas
adonde llega el sol
compañero de tardes
en el campo
o en la infancia

in the shapeles wind
countercurrent
in the biased heights
where the sun shines
evening companion
in the countryside
or in the childhood

por costumbre
revolver
al dulce
recuerdo
almibarado
y así sale
o nace
en su hora

out of habit
stir
the sweet
syrupy
memory
and so it goes
or is born
in its hour

al águila para que mire
que fije nítido
el andar nervioso
de mis pensamientos
que se bifurcan
en salvajes encrucijadas

to the eagle
let it clearlyfix
the nervous pace
of my thoughts
that bifurcate
in wild crossroads

mis partes reunidas
tras las redes
de un futuro incierto
que galopa
hacia el infinito

my collected parts
behind the networks
of an uncertain future
galloping
towards infinity

este faro
testarudo
en la niebla
voz presente
tozuda
en lo alto
de la colina

this stubborn
lighthouse
in the fog
present voice
stubborn
at the top
of the hill

la noche atormentada
relampaguea
se absorbe
entre mi sábana
y la nostalgia

the tormented night
flashes
it is absorbed
between my sheet
and nostalgia

migran por costumbre
futuro de golondrinas
a su sol
allá donde se abren
los pliegos

they migrate out of habit
future of swallows
in their sunshine
where the folds
are opened

el agua quieta
nube que se contiene
y apunta
por la vida

the still water
cloud that holds back
and aims
for life

sangren en la niebla
como flecha y su colchón
o todas las flores tristes
con un aguijón
parlante
en sus pechos

bleed in the fog
as an arrow and its mattress
or all the sad flowers
with a talking
sting
in their breasts

la fortaleza de mi ángel
cuando ríe por dentro
constante como la gota

the strength of my angel
when he laughs inside
constant as a drop

explota en el cielo
de los perros
y se clava
como la cruz

explodes
in dog heaven
and sticks
like the cross

asoma pálida
la luz primera
en los albores
del horizonte
surge
esa voz grave
que susurra
el secreto

emerges pale
the first light
in the dawn
of the horizon
that deep voice
whispering
the secret
arises

lee en la mirada
a contraluz
cuando duda el ojo
esquivo
en la corriente

reads
in the backlit gaze
when the eye doubts
elusive
in the current

de la eternidad
tomo una medida
que se complace
en mi historial
y se contrae
de felicidad
en la mueca del ángel

from eternity
I take a measure
that pleases
in my history
and contracts
with happiness
in the angel´s grimace

en su eje
a su rumbo original
después de haber oscilado
volvió en sí

on its axix
to its original course
after having oscillated
he came to his senses

y llegó el día
y la noche se hizo carne
las piezas encajan
a la perfección
en el continente
donde hambrea la pena

and the day arrived
and the night became flesh
the pieces fit together
perfectly
in the continent
where grief hungers

incita a levantarse
cada mañana
por los pájaros ausentes

encourages to get up
every morning
for the absent birds

a violeta

arder
como el agua verde
reflejo de astros
que sumergen
su conciencia
hasta la raíz

burn
like green water
reflection of stars
that submerge
their conscience
to the root

en la boca del lobo negro
que engulle sin más
puro olfato pura desolación

in the mouth of the black wolf
that gobbles up without further ado
pure smell pure desolation

resisto
desde mi sofoco
o luciérnaga
adherida al pan
de cada día

I resist
from my suffocation
or firefly
attached to the everyday
bread

como la tómbola
bola sin manija
en la comuna
del escorpión

like the tombola
ball without handle
in the scorpion
commune

para consensuar
esta tregua
radiante y poderosa
donde todo cabe

to reach a consensus
on this truce
radiant and powerful
where everything fits

la luna nueva
imponente
cada átomo verde
del silencio

a new moon
magnificent
every green atom
of silence

distiende
esta red
flexible y mutante
tiempo elástico
que se perpetúa

spreads
this net
flexible and mutant
elastic time
that perpetuates

a los avatares
de cara al viento
sonriendo
entreverada

to the avatars
facing the wind
smiling
interspersed

y de cavar se trata
o a desenterrar
el hueso

and it´s all about digging
or unearthing
the bone

despiertas
metálicas
así son
las gargantas
nocturnas

donde flota
entre los juncos
el origen

awaken
metallic
this is what
night throats
are like

where it floats
among the reeds
the origin

en un mojón
busca
el detalle revelador
para situarse
y discernir

on a cairn
looks for
the telling detail
to situate
and discern

en la peladumbre
del rastrojo
hace la cueva
y permanence

in the peeling
of the stubble
makes the cave
and it remains

hasta la aguada
en fila
y cantando

up to the trough
in line
and singing

en su chispa
amanece
la luz naciente
desde los sueños
del buho

in its spark
the rising light
dawns
from the dreams
of the owl

o sinceramiento
o empatía natural
en las redes del tiempo

sincerity
or natural empathy
in the nets of time

al llegar a la estrella
en sus partes tristes
en el ensamble abierto
alto
navega o gime

arriving at the star
in its sad parts
in the open assemblage
high
sails or moans

de la fugacidad
del espacio presente
sean testigos

una vida nueva
se despliega
bajo este sol
de invierno

on transience
of the present space
be witness

a new life
is deployed
under this
winter sun

lo perfecto
motor verde
la luz cantando
diáfana
desde mi conciencia

the perfect
green engine
the light
singing diaphanous
from my conscience

la libertad
en suspenso
nublada
como ese hocico
que me busca

freedom
in suspense
cloudy
like that snout
that is looking for me

se busca romper
aquello que oprime
palomas aliadas
responden
con la bondad de su silencio

it wants to break
that which oppresses
allied pigeons
respond
with the kindness of their silence

en la luna oblicua
cabe la certeza
o algún sol
esmerado reflejo
de juventud

on the oblique moon
there is certainty
or some sun
careful reflex
of youth

el sonido primal
en la altura
o parafrasear
al cóndor
cuando planea

the primal sound
in the altitude
or to paraphrase
the condor
when it glides

este regreso
y toda la potencia
del corazón
desenmascarado

this return
and all the power
of the unmasked
heart

en el canal exacto
reina la felicidad
hasta la premura
carriles doblegados
de risa salvaje y candor
fuerza del fantasma
siempre presente

in the exact channel
happiness reigns
until the rush
bent rails
of wild laughter and candour
phantom strength
always present

atrapo
el brillo de este sol
su canto verde
en mis venas

I catch
the glow of this sun
its green song
in my veins

o la sangre
cuando berrea
por su lugar

or the blood
when it bellows
for a place

mientras
la llave gira
en el tambor
en la tierra del sol

as
the key turns
in the drum
in the land of the sun

florece
la nube
de la tarde

the watery cloud
acuosaof the evening
blooms

sucumbió
y reverdece
con el aire
pálido

succumbed
and greens
with the pale
air

ella se arroja
nadie oye
el latir de sus alas

she throws herself
nobody hears
the beating of her wings

en el fuego
su cara
perfecta
voz de felpa
o corazón

in the fire
her perfect
face
plush voice
or heart

carne y hueso
en acción
cielo hambre
carne o hueso

flesh and bone
in action
hunger sky
flesh or bone

rincón íntimo
y cauteloso
donde anclar
las penas
y las sombras

intimate and cautious
corner
where to anchor
sorrows
and pains

es tan claro
es tan oscuro
el río que me nombra
la corriente del sol

it´s so clear
it´s so dark
the river that names me
the current of the sun

por más brotes
y todas las voces
resumidas
en lluvia

for more outbreaks
and all the voices
summed up
in rain

este sueño pampa
que despierta llano
desde siempre
y para siempre

this pampas dream
that awakens plain
forever
and ever

al abrirse la margarita
cuando nace el día
irregular y constante

as the daisy opens
when the day is born
irregular and constant

todos los colores
en sus alas
tras la tormenta

all the colours
in its wings
after the storm

la piedra naufraga
se derrite con la lluvia
y resuelve el enigma

the castaway stone
melts with the rain
and solves the riddle

caen piedras blancas
de un cielo protector
la tranquera abre
sus fronteras al trigo

white stones fall
from a protecting sun
the gate opens
its borders to the wheat

nadie pudo lloverse
sin ser visto
hoy duermo con mi ángel
el sueño y la vida
mi pereza es la alegría
del agua fértil

no one could get rained on
unseen
today I sleep with my angel
sleep and life
my lazyness is joy
from fertile water

en la revolución
del magma
que aúlla
por saberse dios

in the magma
revolution
that howls
for knowing he is god

desde una noche
de luna ambigua
florece la luz
su razón enjaulada
empalidece la sombra

from an ambiguous
moonlit night
the light blossoms
their caged reason
the shadow grows pale

la porción justa
suavidad del jazmín
en su hora
en su tiempo

the fair portion
softness of jazmine
in its hour
in its time

cercanía del fuego
donde subyace
el puro contento
florecida
para conquistar
la mirada de su dios

proximity of fire
where pure contentment
underlies
flowered
to conquer
the gaze of his god

sembrar o pensar
insinuar un probable
paso hacia la redención

sowing and thinking
hinting a likely step
towards redemption

allá donde conjuran
las altas torres
en la niebla exhuberante
que todo lo esconde

where the high towers
conjure
in the lush fog
that hides everything

hacen del tiempo
una nube
embadurnada
de corazóm

they make of time
a cloud
smeared
of heart

la paz es algo
posible
en las tolderías
se esconde el rey

peace is something
possible
in the tolderias
the kink hides

grita
o se calla
el monstruo desnudo
hacia algún futuro

screams
or shuts up
the naked monster
towards some future

corta y permanece
la película congelada
se evapora
como este oasis

cuts and remains
the frozen film
evaporates
like this oasis

a los tumbos
cerca del núcleo
bajo la estrella híbrida
y obtusa

on the move
near the core
under the hybrid
and obtuse star

la libertad
abriendo sus pétalos
resistiendo la tarde
nublada

freedom
opening its petals
resisting the cloudy
afternoon

visité otro mundo
flotante y reptiliano
donde las voces son anónimas
y las caras se funden
en una sola máscara
la suya

I visited another world
floating and reptilian
where voices are anonymous
and faces merge
into a single mask
theirs

si supiera
cómo volver
o adónde
si tuviera al menos
algún recuerdo
presente

if only I knew
how to get back
or where
if I had at least
some recollection
present

como la línea borroneada
como la flecha sin rumbo
desorbitada
galopando contra el tiempo

like the blurred line
like the aimless arrow
exorbitant
galloping against time

y siempre
la fiel consigna
de encontrarla

and always
the faithful consignment
of finding her

en la nube
atrapando sueños
y sonidos
refrescando la siesta
del paria

in the cloud
catching dreams
and sounds
refreshing
the pariah´s siesta

los espacios
porosos
con sus raíces encarnadas
a la sombra del árbol
de la gloria

porous
spaces
with its roots incarnate
in the shade of the tree
of the glory

perseverar
andar
por el camino lento
sentir
el olor del fuego
cuando quema
los restos
de conciencia

persevere
walk
along the slow road
feel
the smell of the fire
when it burns
the remnants
of conscience

la balsa
en el claro de mi bosque
razón privada
o descalabro

the raft
in the clearing of my forest
private reason
or disaster

en su vuelo rasante
al cantar del dios pájaro
y a crecer
con el sol
a favor de mi viento

in its gliding flight
to the song of the bird god
and to grow
with the sun
downwind of me

seremos trigo verde
o pan
yuyo o alfalfa
junco o totora
o huevito de tera
esperando nacer
en esta tierra

we will be green wheat
or bread
weed or alfalfa
reed or cattail
or little tera egg
waiting to be born
in this land

andar
ir llevando consigo
parte de la historia
por el camino viejo
el aleteo
a la sombra del sauce

travelling
carrying with him
part of the history
on the old road
the flapping
in the shade of the willow tree

alternando
la luz con la sombra
en la niebla imperfecta
o atrapar al rayo
más potente
cuando raja
el cielo y la tierra

alternating
light and shadow
in the imperfect fog
or catching
the most powerful lighting
when it slits
the sky and the earth

raro
ver al chajá
solo
en la orilla
pronto a remontarse

strange
to see the chaja
alone
on the shore
about to fly up

partiremos
cuando anochezca
hacia la ciudad
fantástica

we will leave
after dark
towards
the fantastic city

habré oído
la rapsodia
el dolor
que me es ajeno

I will have heard
the rhapsody
the pain
that is foreign to me

www.ingramcontent.com/pod-product-compliance
Lightning Source LLC
Chambersburg PA
CBHW061306120726
48001CB00001B/500